Sebastien de Brossard

LETTRE,

EN FORME DE DISSERTATION;

A MONSIEUR DEMOZ.

Sur sa nouvelle Methode d'écrire le Plain-Chant & la Musique.

J'Ay reçû, MONSIEUR, avec bien du plaisir les Livres que vous m'avez fait la grace de m'envoyer par un des Valets de Chambre de Son Eminence Monseigneur nôtre Cardinal; & je vous en remercie de tout mon cœur. J'avois déja entendu parler de vôtre nouvelle maniere d'écrire, & de noter le Plain-Chant & la Musique, & j'en avois vû quelques vestiges dans les Mercures & dans les Gazettes; Mais je n'ay bien compris vôtre dessein que par la lecture de vos Livres: Je les ay lûs avec toute l'attention, & par consequent avec tout le plaisir possible: Je vous avoüe d'abord que j'ay admiré cette Invention, & sur tout cette fecondité de genie qui vous a fait appliquer vôtre Systême à la Musique figurée, je suis même persuadé que, si ce n'est pas encor tout à fait la veritable & la plus courte maniere d'aprendre & de pratiquer le Plain-Chant & la Musique; rien n'est du moins, theoretiquement parlant, plus ingenieusement inventé, & comme disent les Italiens, *se non è vero è ben trovato*.

Mais comme je vois, dans la Lettre que vous m'avez fait l'honneur de m'écrire, que vous en souhaitez que je vous en marque sincerement mon sentiment; je vous avoüeray d'abord que mon sentiment n'est pas tout à fait conforme au vôtre. Mais, afin que vous ne vous imaginiez pas que c'est par caprice, par esprit de contradiction, par prévention, par envie ou par jalousie; J'espere que vous ne trouverez pas mauvais, qu'en suivant les ordres de Son Eminence Monseigneur nôtre Cardinal, je vous en écrive un peu amplement les raisons; & pour cela, que je partage cette espece de Dissertation en trois articles, & que j'avance.

A

1°. Que vôtre Invention n'eſt pas ſi nouvelle que peut-être vous le penſez.

2°. Que vôtre Methode eſt du moins autant, pour ne pas dire, plus embaraſſante que l'ancienne, reçûë & pratiquée depuis ſix ou ſept Siecles.

3°. Qu'elle peut-être utile à quelques Particuliers qui n'en ſçavent point d'autre; mais, qu'elle eſt fort inutile, & fort incommode à beaucoup d'autre, & même à charge au Public, par rapport à la pratique generale.

ARTICLE PREMIER.

Vôtre Methode n'eſt pas nouvelle.

Une des principales proprietez de vôtre Methode, que vous faites même valoir beaucoup; eſt que vous mettez les Notes qui marquent les Sons ſur une ſeule & même ligne droite & horizontale, au lieu que dans la Methode ancienne & ordinaire, on les poſe ſur quatre, quelquefois même ſur cinq & ſix lignes differentes. Or je ſoûtiens qu'il n'y a que ceux qui ignorent l'Hiſtoire de la Muſique, ou qui n'en ont qu'une legere teinture, qui puiſſent trouver & nommer cette Methode nouvelle. Pour faire voir clairement la verité de cette propoſition, je crois qu'il eſt donc neceſſaire de donner icy d'abord en peu de mots, un abregé de l'Hiſtoire de la Muſique, ce qui ſervira auſſi à éclaircir pluſieurs remarques que nous ferons dans la ſuite.

Il eſt certain, que le Chant étant auſſi naturel à l'homme qu'aux oyſeaux, il y a eu des Chants dès la premiere origine du monde. Il n'eſt pas moins certain que, comme on a inventé dans la ſuite des Lettres & des Caracteres pour exprimer & donner pour ainſi dire du corps aux penſées, on a auſſi inventé des Caracteres ou des Notes pour mettre par écrit les Sons qui forment les Chants, afin de s'en ſouvenir; ainſi que de nos jours, le Sieur de Beauchamps a inventé des Notes ou Marques pour conſerver & rapeller dans la memoire les Pas de la Danſe & les diverſes figures des Ballets.

Sçavoir maintenant par qui & dans quel temps, ces Notes ou Marques des Sons ont été inventées, c'est ce qu'il n'est pas possible de déterminer bien précisément : La plus ancienne preuve qui en soit parvenuë jusqu'à nous, se trouve dans un Recueil de sept Auteurs Grecs qui traitent de la Musique que *Meibomius* fit imprimer en Grec & en Latin l'an 1652. à Amsterdam. On y trouve une Introduction à la Musique, écrite par un nommé *Alypius* (*) dans laquelle il marque les Notes ou Caractéres dont les anciens Grecs & ceux de son temps se servoient pour marquer les Sons. *Boëce* les rapporte dans son Traité de la Musique, *Kirker* les a aussi mises (quoy qu'avec bien des fautes) dans sa Musurgie. *Alstedius* en donne un exemple fort net dans le premier Tome de son Encyclopedie in-Folio, page 1210. col. 1. &c. Or dans tous ces Auteurs, les Notes Musicales, sont toûjours écrites.

1°. Sur une seule ligne droite & horizontale, & 2°. toûjours au-dessus des syllabes du Texte. Vôtre maniere d'écrire vos Notes sur une seule ligne horizontale, n'est donc pas nouvelle ? On en trouvera encor cy-dessous beaucoup d'autres preuves.

Il est aisé de concevoir que cette maniere pouvoit causer bien des méprises & étoit sujette à beaucoup d'inconveniens ; d'autant plus que les anciens Grecs, & depuis à leur exemple les anciens Latins se servoient des Lettres de leurs Alphabets pour marquer les Sons, & qu'il étoit fort aisé, (ce qui sans doute arrivoit fort souvent,) de confondre ces Lettres ou Notes du Chant avec les Lettres ou Caractéres du du texte ou des paroles qu'on devoit chanter.

Malgré tout cela, cette maniere a été en usage pendant plus de deux mille ans, & jusqu'environ l'an du salut 1024. selon Baronius, sous le Pontificat de Jean XX. & l'Empire de Henry III. qu'un Religieux Benedictin dans le Monastere

---

(*) Il y a eu plusieurs Hommes illustres de ce nom, mais il me paroît que l'*Alypius*, dont il s'agit icy, est celuy que Cassiodore assure avoir fleury devant *Euclide*, & *Cl. Ptolemée*. Or *Euclide* enseignoit à Alexandrie du tems de Ptolemée *Lagus*, sous la CXX. Olympiade vers l'an 300. avant Jesus-Christ ; d'où l'on peut conjecturer qu'*Alypius* écrivoit vers l'an 450. ou 460. avant Jesus-Christ. Voyez Meursius, Morery, & sur tout le Chap. 10. du troisiéme Livre de la Bibliotheque Grecque de Jean Albert *Fabricius*. Pag. 263.

A ij

de *Pompose* au Duché de Ferrare, natif de la Ville d'Arezzo en Toscane, & pour cela nommé en Latin *Guido Aretinus*, & en François *Guy d'Areze*, ou l'*Aretin*, faisant reflexion sur tous les embarras que causoit cette ancienne maniere, & que cette continuité de Notes sur une seule & même ligne horizontale, sans qu'on y pût remarquer ny haut ny bas, ne soulageoit pas assez l'imagination, & ne faisoit pas assez distinguer les Sons graves d'avec les Sons aigus; s'avisa d'inventer un autre maniere de noter le Plain-Chant, qu'on nommoit alors, comme encor aujourd'huy, le *Chant Gregorien*.

Je dis le Plain-Chant, car il ne s'agissoit pas encor alors ny de Faux-bourdons, ny de Musique figurée à plusieurs parties differentes, qui n'a été introduite, du moins dans les Eglises, que vers l'an 1300. (*) c'est à dire plus de deux Siecles après Guy l'Aretin.

Cette maniere fut, 1°. de mettre ou de tracer au-dessus du texte ou des paroles quatre ou quelquefois cinq lignes droites disposées horizontalement & paralleles entre elles, sur lesquelles & entre lesquelles il posa d'abord des points; (c'est de-là, que dans la suite est venu le mot de *Contre-point*.) Dans la suite on changea ces Points en Notes quarrées ainsi ✻, ou quelquefois en Notes lozangées, ou en grain d'orge ainsi ✻, comme on les voit encore à present dans tous les Livres d'Eglise, destinez pour le Chant.

2°. Cela ne fut pas suffisant encore, il fallut de plus donner des noms convenables à ces Points. Guy l'Aretin qui étoit sçavant, considerant que les noms *Proslambanomenos, nete diezeugmenon, Parhypate hypaton*, &c. que les Grecs avoient donnez aux Sons de leur Lyre & de leur Musique, étoient trop longs, trop rebarbaratifs & en trop grand nombre; il les reduisit à six, & leur donna à chacun un nom d'une seule syllabe, fort aisé à retenir, & qu'il prit, comme

---

(*) On en peut voir la preuve dans une Decretale de Jean XXII. dattée d'Avignon 1322. qui commence par ces mots *Docta Sanctorum Patrum autoritas*, &c. dans laquelle il traite d'invention nouvelle, cette Musique figurée & à plusieurs parties differentes. *Extravag. Joan. XXII. Lib. 3. de vita & honestate Clericorum. Titulo 1.*

par une espece d'inspiration, selon le sentiment de bien des gens, de la premiere strophe de l'Hymne de Saint Jean qui suit.

    UT queant laxis   RE sonáre fibris
    MI ra gestórum   FA muli tuórum,
    SOL ve polluti   LA bii reátum
        Sancte Joánnes.

3°. Il fallut encore outre cela déterminer sur quelle ligne, ou dans quel espace on mettroit, par exemple, le Son appellé UT, le Son appellé FA, &c. Ce fut pour cela que *Guy l'Aretin* inventa deux signes, ou marques, qu'il mit à la tête ou au commencement de chaque portée de quatre lignes, l'une figurée d'abord ainsi -C-, & dans la suite ainsi fut nommée la Clef d'*Ut*, parce que tous les Points ou les Notes qui se trouvoient sur la ligne où étoit posée ladite Clef devoient être nommées *Ut*. L'autre figurée d'abord ainsi -F-, & dans la suite ainsi ou ainsi fut nommée la Clef de *Fa*, parce que tous les Points ou les Notes posées sur la ligne où étoit cette Clef devoient être nommées *Fa*. Or, la connoissance des deux Sons *Ut* & *Fa* étant fixée par ce moyen ; ces deux signes ou marques, ouvroient comme des Clefs, & donnoient la connoissance de tous les autres Sons, tant en descendant qu'en montant, comme dans l'Exemple qui suit.

           Pour la Clef d'*Ut*.

ut, re, mi, fa, sol, la, la sol fa mi re ut mi sol ut re mi re ut.

           Pour la Clef de *Fa*.

fa sol la fa mi re ut re fa sol mi fa re ut re mi mi re.

Cette situation haute & basse des Notes, soulageant tres-fort l'imagination, & facilitant merveilleusement la connoissance & même l'intonation des Sons, fut d'abord fort approuvée, reçûë & applaudie ; & malgré quelques contradictions qu'elle éprouva au commencement, (ce qu'on peut voir dans les Annales du Cardinal Baronius;) Cette maniere fut si generalement reçûë, qu'elle a toûjours subsisté depuis plus de six Siecles, & que, selon toutes les apparences, elle subsistera toûjours.

Ce Systême cependant, avoit encore trois grands inconveniens. Le premier étoit, ce qu'on appelle les Muances, ou Mutations *à mutando*, c'est à dire les changemens, parce que, suivant ce Systême, on étoit obligé de changer presques à tous momens le nom de quelques Notes, tant en descendant qu'en montant. Ce qui causoit toutes ces Muances ou changemens, c'est que Guy l'Aretin n'avoit employé dans son Systême que les noms des six Notes cy-dessus *Ut*, *Re*, *Mi*, *Fa*, *Sol*, *La*, ce qui ne suffisant pas pour remplir l'étenduë du *Diapason* ou de l'Octave, quand on étoit obligé de monter au-dessus du *La*, il falloit le nommer *Re* au lieu de *La*, & quand il falloit descendre au-dessous de l'*Ut*, il falloit le nommer *Fa* au lieu d'*Ut*; de-là on peut juger de l'embarras que cela causoit. C'est de-là aussi que *David Mostart*, cité par Alstedius (*) nomme ces Muances *tenellorum Crux ingeniorum*, & un peu plus bas *tortura ingeniorum*.

Malgré cette incommodité, l'usage des Muances a duré plus de cinq Siecles, cependant rien n'étoit si aisé que d'ôter ou empescher cette incommodité, il ne falloit qu'adjoûter une septiéme syllabe aux six syllabes *Ut*, *Re*, *Mi*, *Fa*, *Sol*, *La*, de Guy l'Aretin; par ce moyen, on auroit remply toute l'étenduë de l'Octave, sans changer le nom d'aucune des Notes, tant en montant qu'en descendant, & je ne conçois pas comment ny pourquoy, un aussi habile homme que Guy l'Aretin n'y a pas pensé, d'autant plus qu'il avoit devant ses yeux le petit Vers *Sancte Joannes*, qui auroit dû naturellement luy en faire naître l'idée.

Mais ce qu'il n'a pas fait, d'autres l'ont fait après luy. Qui est-ce qui s'en est avisé le premier, ou qui s'est servy le premier d'une septiéme syllabe? C'est ce qu'il n'est pas possible de déterminer. Je me souviens seulement d'avoir vû dans la Bibliotheque des Quatre-Nations, un vieux

(*) Tom. 1. Encyclop. pag. 1100. col. 2.

Livre de Musique, imprimé en lettres gothiques depuis au moins 150. ans, sur la premiere page duquel est une image de la Musique gravée en bois, autour de laquelle sont bien écrits, les noms des sept Notes *Ut*, *Re*, *Mi*, *Fa*, *Sol*, *La*, *Si*; ce qui porteroit à croire que vers 1550. ou 1560. on avoit déja du moins l'idée de la necessité d'une septiéme syllabe; Mais, pour dire le vray, ce n'est-là qu'une conjecture. Ce qu'on en peut dire de plus certain, c'est que les Flamands & peut-être les Holandois leurs voisins, ont été des premiers qui se soient servis de cette septiéme syllabe, invitez sans doute & animez à cela par leur illustre Compatriote *Erycius Puteanus*, qui composa exprès une tres-belle & sçavante Dissertation sur ce sujet, qu'il intitula *Musathena*, & un autre petit Traité intitulé *Iter nonianum*, (*a*) dans lesquels il prouve invinciblement la necessité absoluë d'adjoûter une septiéme syllabe, qu'il nomme BI, à la Gamme de Guy l'Aretin. De la Flandre, l'usage de cette septiéme syllabe passa bien-tôt en Allemagne. Car en 1657. un nommé *Othon Gibel*, ou en Latin *Otto Gibelius*, fit imprimer in-octavo à Brême un Traité de Musique, dans lequel il persuade à ses Compatriotes d'adjoûter à l'ancienne Gamme, une septiéme syllabe qu'il nomme NI (*b*) & non BI, comme *Erycius Puteanus*, mais le nom ne fait rien à la chose, & ne fait pas une difference assez considerable pour s'y arrêter. L'usage de cette septiéme syllabe, n'a pas été si tôt introduit en France; car un Anonyme (*c*) ne fit imprimer à Paris chez le Sieur Ballard qu'en 1666. un petit Traité (*d*) dans lequel il se declare pour une septiéme syllable qu'il nomme SI, & l'on a trouvé ce nom si commode, que l'usage en a passé en Flandres, en Holande, en Allemagne, &c. & a fait oublier le BI, d'*Erycius Puteanus*, & le NI d'*Otton Gibelius*.

Les anciens Maîtres, & particulierement les vieux Pedans, ne manquerent pas de crier contre cette nouvelle Methode & de la critiquer & décrier autant qu'ils purent; mais, mal-

---

(*a*) On les trouvera tous les deux, copiez de ma main, sur l'imprimé à Anvers, in-octavo en 1615. dans la Bibliotheque du Roy.
(*b*) Ce Traité *d'un celebre Maître de Musique*, est aussi dans la Bibliotheque du Roy.
(*c*) On a sçû depuis que cet Auteur avoit nom NIVERS, ou encor mieux LEMAIRE.
(*d*) Il est aussi dans la Bibliotheque du Roy.

gré toutes leurs criailleries, le Public l'a trouvée si bonne & si utile, par la facilité qu'elle donne pour nommer toutes les Notes & les solfier : qu'à l'heure qu'il est, on ne se sert plus d'autre Methode que de celle du *Si* pour montrer & pour apprendre le Plain-Chant & la Musique, & qu'on auroit de la peine à trouver un Musicien, sur tout parmy les jeunes gens, qui sçache seulement ce que c'est que les Muances. Il n'y a plus qu'en Italie, en Angleterre & en Espagne où l'usage des Muances subsiste peut-être encore.

Le second inconvenient du Systême de Guy l'Aretin est la diversité & le changement de Clefs. Ce changement est fort souvent inévitable, par rapport à l'étenduë des Chants vers le haut ou vers le bas ; ce qui fait par exemple que la Clef d'Ut -C- ou qu'on trouve au commencement d'une Piece sur la premiere ligne d'en haut se trouvera après dix ou douze Notes sur la seconde, & quelquefois sur la troisiéme ligne, &c. Par-là, les Notes étant toutes déplacées, on peut bien juger que cela doit causer un terrible embarras, & j'ay connu bien des gens qui, par cette seule raison, se sont dégoûtez d'apprendre la Musique & le Plain-Chant.

On pourroit aisément remedier à cela, & du moins empescher que ces changements fussent trop frequents. Car enfin, ce qui cause ces changements, c'est qu'ordinairement, on ne se sert que de quatre lignes pour noter le Plain-Chant ; on pourroit donc 1°. se servir de cinq lignes, ainsi ce qui donneroit onze degrez, au lieu que n'employant que quatre lignes, on n'a tout au plus que neuf degrez.

J'ay vû plusieurs Livres de Plain-Chant imprimez à Anvers, dans lesquels les Notes sont posées sur cinq lignes, ainsi cela n'est pas sans exemple ; Mais, comme fort souvent les Chants n'ont pas besoin de plus de neuf degrez pour être notez, on pourroit fort bien se passer de quatre lignes, en cas de besoin ; on pourroit 2°. adjoûter, tant au-dessus au-dessus, qu'au-dessous desdites quatre lignes une ou deux petites lignes ainsi, ce qui fourniroit au moins 15. degrez, ou deux Octaves, & ce qui suffiroit de reste, pour noter toutes sortes de Plain-Chants.

3°. On pourroit enfin faire composer des Chants exprés qui n'auroient pas plus de neuf degrez d'étenduë, comme on m'a assuré, que cela a déja été fait pour quelques Eglises, &c.

Vous n'avez pas voulu vous contenter de cela, & dans l'entêtement que vous aviez de ménager de la place & quelques feüilles de papier, Vous avez cru pouvoir couper tout d'un coup, comme un Alexandre, le nœud Gordien, en publiant une Methode, qui suprime & abolit, (du moins le pensez-vous ainsi) toutes sortes de Clefs. Nous tâcherons de vous en désabuser dans un moment. * Mais permettez-moy de vous dire auparavant, que vous n'êtes pas le seul ny le premier qui y aye travaillé ; après tout, je loüe vôtre zele, *Laudo conatum* ; & pour vous prouver que vous n'êtes pas le seul, je vous diray que l'an 1601. un nommé *Joachim Burfmeister*, fit imprimer in-quarto à Rostoch dans la basse Saxe, un Livre intitulé *Artis canendi Ratio*, dans lequel il suprime & fait main basse comme vous, sur toutes les Clefs ; & au lieu des Notes ordinaires de la Gamme de Guy l'Aretin, il se sert des sept premieres Lettres de l'Alphabet a, b, c, d, e, f, g, qui sont jointes dans ladite Gamme aux noms des Notes, & qui luy servent de Notes ; & il nomme LA, la : le B. quarré ♮ ainsi, SI, ou BI, ou NI ; & le ♭ rond, il le nomme *Za* ou *Fa* : Il nomme le C, ut : le D, RE : l'E, MI : l'F, FA : & le G, SOL, &c. car, comme j'ay mis dans la Bibliotheque du Roy un Extrait de ce Livre écrit de ma main, où il y a même beaucoup d'autres choses fort curieuses touchant la Musique, Vous & les autres Curieux le pourront consulter s'ils le jugent à propos.

* Voyez cy-dessous, pag. 13. lin. 14.

B

Six ans après, (c'est à dire l'an 1607.) un nommé *Bernhard Smid*, Bourgeois de la Ville, & Organiste de Munster, (c'est à dire de l'Eglise Cathedrale de Strasbourg) appliqua cette même Methode à la Tablature de l'Orgue, du Clavecin & autres Instruments, sur lesquels on peut joüer plusieurs parties differentes, & il fit imprimer un gros in-folio de Pieces d'Orgue, que j'ay mis aussi dans la Bibliotheque du Roy, selon ce Systême.

Sur la fin de l'année 1684. comme j'étois alors un homme à Systême aussi-bien que Vous, & que j'avois éprouvé plusieurs fois les difficultez presques insurmontables, & les embarras que causent les changements de Clefs, je me mis en tête d'inventer aussi un Systême, par le moyen duquel on pût suprimer entierement les Clefs. Ce Systême étoit si aisé à concevoir, que j'en fis alors des experiences qui m'étonnerent & tous ceux à qui je le proposay ; je copiay même de ma main selon ce Systême tous les Airs de l'Opera qu'on chantoit alors, dans un petit Livre que je portois aisément dans ma poche ; Enfin, je fus si charmé de cette découverte, dont je me croyois de la meilleure foy du monde l'Inventeur, que j'étois tout resolu de le faire imprimer sous mon nom. Par bonheur, je connoissois alors l'illustre Chevalier *Morland*, (*a*) c'étoit un des plus sçavants Mathematiciens de l'Europe, & j'avois le bonheur de l'entretenir presque tous les jours. Luy parlant un jour de mon Systême, il me parut l'approuver tres-fort, mais en même tems, il me dit qu'il ne me conseilloit pas de le faire imprimer sous mon nom, puisque j'avois été prévenu par un autre Auteur. Et dans le moment, étant entré dans son cabinet, il en rapporta une brochûre in-quarto de 30. à 40. pages imprimées, dont il me fit present, (*b*) j'y vis mon Systême aussi-bien détaillé & aussi exactement imprimé que si je l'avois donné moy-même à l'Imprimeur ; le nom de l'Auteur ou

---

(*a*) Il avoit inventé cette fameuse Trompette parlante, pour faire entendre la voix ordinaire d'un homme à une & deux lieuës de distance. Monsieur Colbert le fit venir d'Angleterre en France pour travailler à la Machine de Marly ; Mais la mort de Monsieur Colbert renversa ce projet.

(*b*) Cette Brochûre est maintenant dans la Bibliotheque du Roy, aussi-bien qu'une autre Edition qu'il en fit faire in-octavo l'an 1679. & qu'il dedia à l'Assemblée du Clergé.

de l'Inventeur n'étoit point marqué dans la première page; mais j'appris, par le Privilege du Roy & la Permission des Superieurs, qu'on le nommoit le R.P. *Jean-Jacques Souhaitty*, de l'Ordre de Saint François, qui fit imprimer cette Brochûre l'an 1677. chez Pierre le Petit, à la Croix d'or à Paris, par consequent, six ou sept ans avant que la même idée me fut venuë; Je peux cependant protester, qu'avant l'avanture du Chevalier Morland, je ne sçavois pas qu'il y eût un *P. Souhaitty* au monde, & que je n'avois jamais vû ny même entendu parler de rien de semblable. Voilà une histoire dont sans doute vous vous seriez fort bien passé, je vous en demande pardon. Mais, que deux personnes sans se connoître ny s'être jamais rien communiqué, ayent tous deux eu le même dessein & la même pensée, c'est un fait si singulier qu'il m'a paru digne de quelques lignes d'écriture.

Comme j'ay toûjours fort apprehendé de passer pour plagiaire, Vous pouvez bien penser que je n'eûs garde de faire rien imprimer sous mon nom touchant ce Systême, ny d'ôter au R. P. *Souhaitty*, la gloire d'en être le premier Inventeur. Voicy en quoy il consistoit.

1°. Au lieu des Notes ordinaires du Plain-Chant, nous nous servîmes le P. *Souhaitty* & moy des huit premiers chiffres arabes 1. 2. 3. 4. 5. 6. 7. 8. figures connuës de tous ceux qui sçavent lire & les premiers élements de l'Arithmetique.

2°. A chacun de ces sept chiffres, on donnoit le nom d'une des sept Notes qui remplissent l'étenduë du Diapason ou de l'Octave ainsi 1. 2. 3. 4. 5. 6. 7. 8.
Ut, Re, Mi, Fa, Sol, La, Si, Ut,
ce qui formoit l'Octave mitoyenne & revenoit aux points ronds • de vôtre Systême.

A l'égard de l'Octave superieure au-dessus du 8. on repettoit les mêmes chiffres & les mêmes noms ; mais pour marquer que ces chiffres appartenoient à l'Octave superieure, on mettoit au-dessus de chaque chiffre une petite ligne horizontale ainsi — $\bar{8}$, $\bar{1}$, $\bar{2}$, $\bar{3}$, $\bar{4}$, $\bar{5}$, $\bar{6}$, $\bar{7}$, $\bar{8}$,
Ut, Ré, Mi, Fa, Sol, La, Si, Ut,
ce qui revient à vos Notes lozangées ou en grain d'orge

Pour l'Octave inferieure on mettoit auſſi de petites lignes horizontales ainſi —— mais au-deſſous de chaque chiffre ainſi 1̱, 2̱, 3̱, 4̱, 5̱, 6̱, 7̱, 8̱, ce qui revient à vos Notes Uṯ, Re̱, Mi̱, Fa̱, Soḻ, La̱, Si̱, Uṯ, quarrées, ⯁ &c.
Car je ne pretends pas approfondir icy davantage ce Syſtême, mais il faut encore vous faire remarquer.

1°. Que ces Auteurs ont tous poſé leurs Notes ſur une ſeule ligne droite & horizontale, comme les anciens Grecs & les anciens Latins qui, ſans doute, leur ont fourny & fait naître cette idée.

2°. Que les Sieurs *Burſmeiſter* & *Smid* ont pratiqué cette maniere, je veux dire cette ſuppreſſion de Clefs, au moins ſix vingt ans avant vous, puiſque le ſieur *Burſmeiſter* fit imprimer ſon Livre en 1601. & le ſieur *Smid* le ſien en 1607.

3°. Que le P. *Souhaitty* fit imprimer ſon Livre in-quarto en 1677. par conſequent cinquante ans devant vous, & peut-être avant que vous fuſſiez au monde. Il eſt donc ſeur que vôtre Syſtême n'eſt pas une invention nouvelle, que ce n'eſt tout au plus qu'une copie ou une imitation de ces anciens Syſtêmes, & que les differentes figures dont ces Auteurs ſe ſervoient pour noter les Sons, ne ſont que des déguiſemens ou des voiles pour cacher leur fineſſes & peut-être la vôtre, & mieux faire croire au Public que leurs inventions étoient nouvelles alors, comme vous pretendez maintenant que la vôtre eſt pareillement nouvelle.

Vous me direz peut-être & vous proteſterez, comme j'ay fait cy-deſſus, que vous n'aviez jamais vû ny entendu parler de ces anciens Syſtêmes, quand vous avez inventé le vôtre, & je n'auray pas de peine à vous croire. Vous n'aviez pas apparemment vû ny lû aucunes Hiſtoires de la Muſique, qui ſont aſſez rares maintenant: Et tout entouziaſmé de vôtre Invention, comme je l'étois de la mienne en 1684. vous avez cru que le Public vous ſçauroit gré de la luy communiquer. Mais vous me permettrez de vous dire, qu'avant de la publier, & ſur tout de la faire imprimer, ce qui ſans doute vous a engagé à de groſſes dépenſes, Vous auriez dû conſulter des Sçavants qui euſſent du moins quelque connoissance de l'Histoire de la Musique. Vous me direz sans doute que vous l'avez fait, & que les Attestations, que vous avez fait imprimer, en font foy ; Mais vous n'avez pas fait reflexion que tous ces Messieurs, quoy qu'habilissimes dans la pratique & la routine de la Musique ne s'embarassent gueres de toutes ces antiquailles, ny de l'Histoire de leur Art, & n'ont pû par consequent vous faire remarquer, ce que ceux qui ont quelque connoissance de l'Histoire de la Musique seront toûjours en droit de vous reprocher, c'est à dire que *facile est inventis addere*, & que vous n'avez fait qu'imiter, pour ne pas dire piller les anciens Grecs & Latins, & les Auteurs cy-dessus. Il est tems de vous prouver ce que je vous ay avancé cy-devant, page neuviéme.

Vous pretendez & vous asseurez, même fierement, que par vôtre Systéme, vous supprimez & vous abolissez toutes les Clefs, & les changemens de Clefs. Chimere toute pure, n'est-ce pas visiblement & méme grossierement se mocquer du Public ? Comment pouvez-vous vous imaginer, qu'il soit assez duppe pour se persuader qu'on puisse chanter la Musique & le Plain-Chant sans aucunes Clefs. Il est vray que, par vôtre Systéme, vous supprimez la Clef de *Fa*, & les diverses positions de la Clef d'*Ut* du Systéme de Guy l'Aretin; Mais, de bonne foy, ne pourroit-on pas avec raison vous appliquer ce passage d'un Poëte Latin, *Incidit in Scillam cupiens vitare Charibdim ?* Car enfin, au lieu de deux Clefs, que vous supprimez, vous voulez en introduire quatre autres. Cette proposition vous étonnera sans doute, mais après tout; qu'est-ce qu'une Clef en fait de Musique ou de Plain-Chant, sinon un Signe, (non pas *physique*, mais *shetique* ou d'institution comme on parle en Philosophie,) qui signifie qu'une telle Note doit être nommée & entonnée de telle ou telle maniere ? Or 1°. les Queuës que vous adjoûtez à vos Points, & les diverses tournures que vous leur donnez à droit, à gauche, en haut & en bas, &c. ne sont-ce pas autant de Signes qui marquent les noms qu'on doit donner à chaque Point ? 2°. La figure quarrée ■ que vous donnez à quelques-uns de vos Points, n'est-ce pas un

Signe qui marque que ces Points appartiennent à l'Octave la plus grave ou la plus basse. 3°. La figure ronde ✦, n'est-ce pas un autre signe qui marque qu'un tel point appartient à l'Octave mitoyenne ? 4°. Enfin le point en lozange ⬧ n'est-ce pas un signe que ce Point appartient à l'Octave superieure ? Voilà donc sans contredit quatre Clefs que vous voulez introduire par vôtre Systême en la place des deux Clefs de Guy l'Aretin. Or, mettant bas toute prévention, croyez-vous de bonne foy, que l'usage & la pratique de ces quatre Clefs soit plus aisée à acquerir que celle des deux Clefs d'*Ut* & de *Fa* du Systême de Guy l'Aretin ? Pour moy, j'ay bien de la peine à me le persuader. Je parleray bien-tôt des embarras que peut causer vôtre Systême, & je ne manqueray pas d'y joindre celuy-cy, qui certainement n'est pas un des moindres.

Vous me direz peut-être que les Auteurs des Systêmes cy-dessus, & sur tout le P. Souhaitty insinuoient comme vous dès le titre de leurs Ouvrages, & promettoient de suprimer l'embarras des Clefs du Systême de Guy l'Aretin, (*) & que cependant le P. *Souhaitty* fut obligé de mettre tantôt au-dessus, tantôt au-dessous de ses chiffres certaines petites marques pour désigner à quelle Octave chaque chiffre appartenoit ; que ces petites marques étoient des Signes, & par consequent de veritables Clefs ; qu'il en imposoit donc aussi au Public, &c. j'en demeure d'accord, mais je suis aussi très-persuadé que c'est une des principales raisons qui ont fait tomber son Systême, quoiqu'il fût le plus simple, le plus naturel & le plus aisé de tous. A plus forte raison vôtre Systême, qui est beaucoup plus embarassant, comme on le prouvera bien-tôt, ne manquera pas de tomber de même.

Le troisiéme inconvenient du Systême de Guy l'Aretin, consiste en ce qu'on est obligé de mettre ou tracer au-dessus du texte, au moins quatre lignes horizontales & paralelles entre-elles, & souvent cinq & six, sur lesquelles & entre

---

(*) Voicy le titre du Livre in-quarto du P. *Souhaitty*. Nouveaux Elements du Chant, ou Essay d'une nouvelle découverte... laquelle débarrasse entierement le Plain-Chant & la Musique, des Clefs, des Notes, des Muances, &c.

lesquelles on pose & l'on écrit les Notes du Chant ; ce qui mange & occupe tant de place, que souvent, pour noter une Antienne de trois ou quatre lignes, il faut une page entiere, & par consequent cela multiplie beaucoup les Livres d'Eglise, les rend plus chers, & augmente considerablement la dépense quand il est question de les imprimer ou de les faire écrire à la main.

J'avouë que cet inconvenient est assez considerable, j'en ay l'experience & la preuve par moy-même, ayant été obligé, par l'ordre de Son Eminence Monseigneur le Cardinal de Bissy, de mettre & noter en Plain-Chant ordinaire le nouveau Missel & le nouvel Antiphonier à l'usage de Meaux, de les faire écrire d'abord à la main & ensuite imprimer.

C'est à quoy les Sieurs *Bursmeister* & *Smid* ont voulu remedier, aussi-bien que le P. *Souhaitty*, en supprimant les quatre ou cinq lignes du Systême de Guy l'Aretin, en mettant les Notes du Chant sur une seule ligne droite & horizontale. C'est aussi ce que vous avez voulu faire à leur imitation ; Mais on peut dire que, non seulement vous, les avez trop servilement imité, *Imitatores servum pecus*, mais encore, que vous avez enchery sur eux: Car ils mettoient les Notes du Chant & les Syllables du Texte sur deux lignes differentes, ce qui du moins faisoit distinguer aisément le Texte, d'avec les Notes du Chant. Pour Vous, comme si vous aviez voulu exprès rendre la pratique du Chant plus embroüillée, & par consequent plus difficile, Vous mettez en une seule & même ligne & les Notes du Chant & les Syllables du Texte, ce qui cause une telle confusion, que souvent il n'est pas possible de les distinguer, les Syllables du Texte étant, pour ainsi dire étouffées & enfoüyes sous & par les Notes du Chant, & tout cela pourquoy ? Pour quelle fin ? *Cui bono?* Est-ce pour rendre la pratique du Chant plus facile ? Nullement, c'est pour épargner la dépense de quelques feüilles de papier, de quelques peaux de velin ou de parchemin qu'il faudroit employer de plus pour suivre l'ancien Systême, ou tout au plus pour avoir la commodité d'avoir de petits Volumes propres à porter dans la poche, comme ceux que vous avez fait déja imprimer. Effectivement si vôtre Systême avoit autant de lieu que vous l'esperez, on auroit bien besoin de ces petits Volumes, comme on le pourra voir cy-dessous au troisiéme Article. Or jugez vous-même, si un aussi foible & un aussi petit objet est capable d'être comparé & de contre-balancer les utilitez infinies, & les facilitez que procure l'ancien Systême de Guy l'Aretin, tant pour la connoissance des Notes, que pour l'intonation même des Sons du Plain-Chant & de la Musique ? Sur tout depuis que par l'addition de la septiéme syllabe SI. On a trouvé le secret d'en ôter & d'abolir entierement l'usage des Muances.

ARTICLE SECOND.

Vôtre Systême est beaucoup plus embarassant que celuy de Guy l'Aretin.

Il est certain que le veritable but & la principale attention que doivent avoir les Inventeurs de nouveaux Systêmes, tant pour le Plain-Chant que pour la Musique, est d'ôter les embarras & les difficultez qui se trouvent dans les Systêmes precedents. Ceux qui ont suivy ce plan exactement n'ont pas manqué de réüssir & d'être reçûs avec applaudissement, témoin le Systême de la septiéme syllabe SI, qui a été reçû sans presque aucune contradiction, parce qu'il ôtoit le terrible embarras des Muances ; au lieu que ceux qui, voulant remedier à quelque inconvenient, en causent de plus ou du moins d'aussi grands, n'ont pas manqué d'être entraînez, comme par un torrent, dans l'abyme de l'oubly, avec une rapidité si étonnante, qu'au bout d'un ou de deux ans tout au plus, on n'en a plus parlé ; Qu'ils n'ont été introduits dans aucune Ecole, ny dans aucune Eglise, & que sans le secours de l'Imprimerie, à peine en auroit-on maintenant aucune idée.

Je suis tres-fâché, mon cher Monsieur, d'être obligé de vous dire que vous ne devez gueres esperer que vôtre Systême ait un sort plus heureux, puisqu'en voulant reme-

dier

dier à l'embarras que cause la diversité des Clefs du Systême de Guy l'Aretin, vous voulez introduire d'autres embarras qui sont du moins aussi grands, & abolir un Systême qu'un très-long usage a rendu familier à tout le monde Chrestien; & pour vous en donner quelques preuves, je vous diray:

1°. Qu'on a déja remarqué cy-dessus, à l'occasion du Systême des anciens Grecs & Latins, que la maniere d'écrire les Notes des Sons sur une seule ligne droite & horizontale, sans qu'on y puisse appercevoir ny haut ny bas, ne soulageant aucunement l'imagination, & ne faisant point assez distinguer les Sons graves d'avec les Sons aigus; ce fût principalement pour y remedier, que Guy l'Aretin inventa son *Echelle* ou son Systême, & que cette maniere d'écrire les Notes des Sons sur differentes lignes ou degrez, fut trouvée si utile & si necessaire, que malgré le respect qu'on avoit pour la venerable antiquité, on quitta bien-tôt la maniere d'écrire les Notes des Sons sur une seule ligne; que l'Echelle de Guy l'Aretin a toûjours été preferée depuis, à tous les Systêmes qu'on a inventez pour remedier à quelques défauts qu'on trouvoit encore dans ce Systême; & qu'enfin le seul Systême de la septiéme syllabe SI, n'a été reçû avec tant d'applaudissement, que parce qu'il n'a point touché ny rien changé à l'Echelle de Guy l'Aretin.

2°. On vient aussi de remarquer, sur la fin de l'Article précédent, que vôtre maniere d'entre-mesler, pour ne pas dire entre-larder dans une même ligne, les Notes des Sons avec les syllabes du Texte, cause tant d'embarras & une si grande confusion, que quand mesme vous viendriez à bout de faire recevoir vôtre Systême sur tout le reste, & cela seul suffiroit pour en dégoûter ceux à qui sa nouveauté feroit naître l'envie de le pratiquer. Ceux qui vous ont precedé dans l'invention de poser les Notes du Chant sur une seule ligne, en ont usé, j'ose bien vous le dire, plus sagement que vous. Les anciens Grecs & Latins, le P. Souhaitty, &c. étant tres-convaincus de la necessité indispensable de bien faire distinguer les Notes des Sons d'avec les syllabes du Texte, n'ont eu garde de les mettre, comme vous, dans une seule & même ligne; cependant, quoiqu'il n'eussent point

C

un défaut si considerable, ils n'ont pas laissé de tomber, on ne les a presques point suivis ny pratiquez, quoique (sur tout les chiffres du P. Souhaitty) ils fussent plus aisez à comprendre, & à bien des égards plus pratiquables que vôtre pretenduë nouvelle Invention. Après cela, que pouvez vous penser & augurer de vôtre Systême?

3°. Mais ce qui revolte le plus tout le monde contre vôtre Systême, & principalement ceux à qui j'ay fait voir quelques pages des Livres que vous m'avez envoyez, ce sont, les figures bigearres, pour ne pas dire grotesques, inconnuës & tout-à-fait inusitées, que vous donnez aux Notes du Chant. Il n'en est pas ainsi des figures dont se sont servis ceux qui vous ont précédé par des Systêmes tellement semblables au vôtre, qu'il est aisé de voir qu'il n'en est qu'une copie ou une imitation. Car enfin les Lettres de l'Alphabet dont se servoient les Grecs & les anciens Latins, les Lettres de la Gamme de Guy l'Aretin, dont se servoient Bursmeister Smid, &c. (car quelques Organistes s'en servent encore en Allemagne.) Enfin, les chiffres du P. Souhaitty, sont du moins des figures connuës de tous ceux qui sçavent lire, & les premiers Elements de l'Arithmetique ; Or, dites-moy de bonne foy, vos figures des Notes du Chant, ont-elles cet avantage ? J'ose au contraire vous assurer, par les épreuves que j'en ay fait, que d'abord, *& primo intuitu*, elles ont été trouvées si surprenantes & si étranges qu'elles épouvanterent ceux à qui je les montray, quoique personnes d'esprit & de très-bon sens, de maniere qu'elles ne purent jamais se resoudre à donner leur approbation à vos figures. Voilà cependant tout ce qu'il y a de nouveau, & ce qui caracterise uniquement la difference de vôtre Systême d'avec ceux qui l'ont précédé ; car pour le reste, vous les avez copiez & imitez si exactement & si fidellement, qu'on peut dire hardiment, qu'à la reserve de quelques noms de Notes, c'est précisément la même chose, & qu'ainsi vôtre Systême n'est pas des plus nouveaux.

Mais, pour vous convaincre que peu de personnes voudront les approuver & se donner la peine d'acquerir l'habitude de les pratiquer, permettez-moy d'en faire comme une espece d'Analyse, c'est à dire de les examiner chacune separément, & de vous faire remarquer.

1°. Que toutes vos Notes, à l'imitation de Guy l'Aretin, sont des Points, mais avec ces deux differences ; la première, que vos Points sont posez sur une ligne horizontale, & que les siens sont sur des degrez differents ; la seconde, que la figure de tous les Points de Guy l'Aretin étoit égale ou semblable, & qu'entre les vôtres il y en a de quarrez ainsi ∎, pour les Sons graves ou fort bas ; il y en a de ronds ainsi •, pour les Sons mitoyens ; il y en a enfin de lozangez ou en grain d'orge ainsi ♦ pour les Sons hauts ou aigus. Ces trois sortes de points vous fournissent les moyens de marquer les Sons de trois Octaves, qui suffisent de reste pour noter toutes sortes de Plain-Chant. A l'égard de la Musique, quand elle est sur tout à plusieurs parties, il y faut plus de trois Octaves, & dans ce qui est déja imprimé pour la Musique figurée, & que vous m'avez fait la grace de m'envoyer, vous y avez pourvû par vos Notes quarrées & blanches, ainsi ▢, pour marquer les Sons de l'Octave la plus grave ou basse ; & par vos Notes lozangées & blanches, ainsi ◇, pour marquer les Sons de l'Octave la plus haute ou la plus aiguë, ce qui fait & fournit cinq Octaves qui donnent le moyen de noter toutes les parties, tant de la Musique Vocale qu'Instrumentale. J'ay déja eu l'honneur de vous marquer, dans la lettre que je vous ay écrite, & je le repete icy avec plaisir, que cette Invention est aussi heureuse qu'ingenieuse : Mais de bonne foy, croyez-vous bien serieusement que cette maniere soit moins embarassante que la diversité & le changement des Clefs du Systême ordinaire de Guy l'Aretin ? Pour moy (c'est peut-être, parce que je suis accoûtumé à l'ancienne maniere ;) j'ay bien de la peine à le croire. Vous devez du moins convenir que vous proposez par-là cinq sortes de Clefs, au lieu de deux ou trois qui sont en usage, tant pour le Plain-Chant que pour la Musique ; car il seroit aisé de prouver démonstrativement, que vos Notes quarrées, rondes & lozangées, tant noires que blanches, sont de veritables Clefs ; & qu'ainsi, au lieu de diminuer l'embarras que cause la diversité & le changement des Clefs, vous l'augmentez considerablement. Mais passons outre, car ce n'est pas-là le plus grand embarras que peut causer vôtre Systême.

C ij

2°. Si ces cinq points, tels que je viens de les décrire étoient, pour ainsi dire, demeurez tous nuds, ils n'auroient rien signifié par rapport à la Musique & au Plain-Chant, puisque vous les posez sur une seule ligne droite qui n'a ny haut ny bas : Il a donc fallu necessairement faire encore deux choses. 1°. Leur donner des noms ; 2°. Y adjoûter quelques petites marques qui les distinguassent les uns des autres dans chacune des Octaves cy-dessus, & par lesquelles on pût sçavoir le nom que chaque point devoit avoir.

A l'égard des Noms, je m'étonne que, puisque vous vouliez donner au Public un Systême nouveau, vous n'ayez pas inventé & donné des noms nouveaux à vos Points. Il vous auroit été du moins aussi-bien permis de le faire, qu'à *David Moſtart*, (A) à *Burſmeiſter*, à *Smid* (B) au P. *Souhaitty*, (C) & même à M^r. *Sauveur*. (D) Vous pourrez voir dans la Table cy-dessous, les noms que ces Auteurs ont voulu introduire & donner aux notes des Sons.

Table des noms des Notes, & de leurs Inventeurs.

A.
David Moſtart.

BO, CE, DI, GA, LO, MA, NI.
ut, re, mi, fa, sol, la, si.

De l'Encyclop. d'Alſted. Tom. 1. *p.* 1200.

B.
Burſmeiſter, & Smid.

A, BE', CE', DE', E, EF, GE'.
la, si, ut, re, mi, fa, sol.

C.
Souhaitty.

UN, DEUX, TROIS, QUART, CINQ, SIX, SEPT, HUIT.
ut, re, mi, fa, sol, la, si, ut.

D.
M^r. Sauveur.

PA, RA, GA, SO, BO, LO, DO, PA.
ut, re, mi, fa, sol, la, si, ut.

Ces noms de Notes inventez par *M. Sauveur*, sont tirez des *Memoires de l'Academie des Sciences* 1701. pag. 411.

Mais vous en avez usé plus sagement qu'eux, vous avez retenu les sept noms, *Ut, Re, Mi, Fa, Sol, La, Si*, qui sont connus & en usage, presques par tout, en cela vous avez parfaitement bien fait, de nouveaux noms ne pouvant servir tout au plus qu'à causer un nouvel embarras dans la pratique; & par consequent, il étoit inutile d'en charger la memoire.

Mais ce n'étoit point assez, il falloit outre cela déterminer lequel de ces Points auroit nom *Ut*, par exemple, ou *Re*, ou *Mi*, ou *Fa*, &c. & voilà ce que vous avez aussi tres-ingenieusement executé, en adjoûtant de petites Queuës à ces points, lesquelles selon leurs differentes positions, au-dessus ou au-dessous de ces points, perpendiculairement ou horizontalement, obliquement ou panchées, à droit ou à gauche, déterminent seurement le nom qu'il faut donner dans chaque Octave à chaque Point.

Ainsi les figures, les notes ou les points, soit quarrez ■, soit ronds, ● soit en l'ozange, ou en grains d'orge ◆; tous les Points, dis-je, qui ont au-dessous des Queuës obliques, ou panchées vers la main droite ⎯ ont nom, & sont des UT;

Ceux qui ont au-dessous des Queuës perpendiculaires |, ont nom, & sont des RE;

Ceux qui ont au-dessous des Queuës obliques, ou panchées vers la main gauche ∕ ont nom, & sont des MI;

Ceux qui ont au côté gauche des Queuës droites & horizontales ⎯⎯ ont nom, & sont des FA;

Ceux qui ont au-dessus ou en haut des Queuës obliques & panchées vers la main gauche ⎯ ont nom, & sont des SOL;

Ceux qui ont au-dessus ou en haut des Queuës droites & perpendiculaires | ont nom, & sont des LA;

Enfin, ceux qui ont au-dessus ou en haut des Queuës obliques & panchées vers la main droite ⎯ ont nom, & sont des SI; ou quand ils sont précedez immediatement d'un ♭ ont nom, & sont des ZA, ou des FA feints.

Tout cela encore un coup est admirable & parfaitement bien inventé ; j'ay admiré sur tout, cette *Gamme* ou ce *Soleil eptaligne*, que j'ay copié icy & tiré de la page 116. de vôtre Methode de Musique, tel qu'on le voit dans la Table gravée cy-dessous.

Comme aussi cet espece de DISTIQUE Queües en bas, font les notes UT, RE, MI ; Queües couchées font les FA ; Queües en haut font les notes SOL, LA, SI.

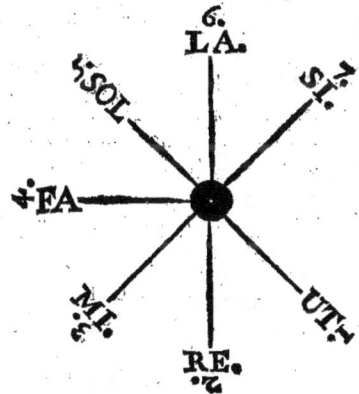

Distique.

Gamme, ou Soleil eptaligne.

Rien de plus joly ny de plus ingenieusement inventé,

cela réjoüit d'abord l'imagination & l'esprit. Il est cependant tres-certain, que les differentes positions de ces Queües ne sont que trop capables d'éblouïr les yeux, de revolter, d'éfaroucher & d'épouvanter même la vûë (comme on l'a déja remarqué cy-dessus au commencement du second article, n°. 2. pag. 17.) Malgré cela ; cette maniere de noter le Plain-Chant, & même la Musique, pourroit passer dans la Theorie & sur le papier, mais il faut en demeurer-là, & ne passer pas à la Pratique ; car je pretends & je soûtiens que tout cela ne peut servir qu'à rendre cette pratique, je ne dis pas seulement plus embroüillée, & par consequent beaucoup plus difficile ; mais même presque impossible, à moins d'un travail, d'une attention, & d'une application si extraordinaire, qu'il y a tres-peu de personnes qui en soient capables.

3°. Enfin, combien de reflexions ne faudra-t-il pas faire à chaque point qu'on trouvera, pour sçavoir au juste quel Son & quel nom on luy pourra donner. Il faut 1°. examiner si ce point est quarré ■, ou rond •, ou en lozange ◆; sans cela on ne pourra point sçavoir, si le Son signifié par ce Point, doit être grave, ou aigu, ou mitoyen. Il faut examiner, 2°. Si la Queüe qui est jointe à ce Point est horizontale, ou couchée, ou perpendiculaire, en haut ou en bas ; 3°. Si elle est oblique, ou panchée, il faudra examiner, si elle est au-dessous du point, si elle panche du côté droit ou du côté gauche. 4°. Si elle est au-dessus du point, il faudra de même examiner, si cette Queüe panche du côté gauche, ou du côté droit. Sans toutes ces reflexions, on ne pourra sçavoir si on doit nommer ce Point UT, ou RE, ou MI, ou SOL, ou LA, &c. 5°. Il faudra encore bien examiner si ce Point est precedé immediatement d'un *Dieze* ✶, d'un *Bemol* ♭, ou d'un *Bequarre* ♮; sans cela on ne pourra pas sçavoir, s'il faut entonner ce Point dans son Son naturel, ou s'il le faut entonner un demy-ton plus haut, ou le baisser un demy-ton plus bas, &c.

Or, quels efforts d'attention, d'imagination, de memoire & de Vûë même, ne faudra-t-il pas faire pour en venir à bout? Pour moy je regarde tous ces embarras comme un labyrinthe, dans lequel la vûë & l'imagination s'égarent & se perdent sans en pouvoir sortir qu'avec des difficultez presques insurmontables. Ce qu'il y a encore de tres-embarassant, c'est qu'il faudra faire toutes ces reflexions sur le champ, au premier coup d'œil, *in ictu oculi*, & qui peut se flatter d'y réüssir?

Passe encore si vous ne vouliez vous servir de cette Methode que pour le Plain-Chant, les notes en sont presques toûjours égales, & les mouvements ordinairement graves, ce qui pourroit donner le temps de faire des reflexions, & ne demanderoit pas une si grande contention d'esprit. Mais, vouloir appliquer ce Systême à la Musique figurée, dont les mouvements sont tres-inégaux & souvent si rapides que les vûës les plus perçantes & les plus subtiles ont peine à distinguer les notes les unes des autres: Ce dessein, pour vous dire ingenüement ma pensée, me paroît un peu bizarre, pour ne pas dire absolument chimerique.

4°. Ce qui augmente encore la difficulté & l'embarras, c'est que vous écrivez vos Notes sur une même & seule ligne droite, sans qu'on y puisse voir ny haut ny bas, ny rien qui marque la gravité ou l'acuité des Sons. Je vous ay déja fait remarquer plusieurs fois & reproché ce défaut de vôtre Systême, & quoique vous fassiez, on aura toûjours droit & raison de vous le reprocher.

5°. Joignez à cela l'embarras que cause vôtre maniere d'entrelacer dans la même ligne vos nouvelles notes avec les syllabes du texte dont nous avons déja parlé cy-dessus, page 17. Car enfin, outre que cette maniere est si désagreable à la vûë qu'elle effraye d'abord tous ceux qui la regardent; elle éblouït tellement les yeux, qu'il n'est presques pas possible, qu'on ne se m'éprenne. Et de-là quelle confusion & quelle cacophonie cela ne doit-il pas causer?

6°. Vous me direz, peut-être que le Systême ordinaire de Guy l'Aretin, a aussi ses embarras, qu'on n'en acquierre la pratique & l'habitude que par une longue étude & un exercice presques continuel; j'en demeure d'accord. Mais c'est-
là

là le fort de toutes les Sciences & de tous les Arts, on ne s'y rend habile qu'avec bien des peines & un grand travail, même fort penible, *Labore improbo;* Mais je soûtiens que le Systéme ordinaire de Guy l'Aretin, n'a pas à beaucoup près, tant d'embarras, & cela seul doit suffire pour le preferer au vôtre.

Car 1°. au premier coup d'œil, en examinant seulement sur quelle ligne, ou dans quel espace une note est posée, on sçaura tout d'un coup, quel nom & quel degré de Son il faudra luy donner.

2°. Si cette note est posée sur la plus haute des quatre lignes, on verra certainement & sans autre examen, que le Son de cette note sera haut ou aigu; si elle est posée sur la plus basse ligne, on verra de même que le Son en doit estre grave ou bas; si enfin elle est posée sur une des lignes ou dans un des espaces du milieu, que le Son en doit estre mitoyen; c'est à dire, ny trop haut ny trop bas, ce qui, comme nous l'avons déja remarqué plusieurs fois, soulage infiniment l'imagination, & facilite merveilleusement l'intonation.

3°. Si par hazard, une note a une queüe, (je dis par hazard; car, sur tout dans le Plain-Chant, les queües ne sont pas trop frequentes) comme ces queües sont toûjours droites & perpendiculaires, on ne doit point s'embarrasser si elles montent en haut ou si elles descendent en bas; puisque cela est indifferent, ces queües n'étant-là que pour avertir que ces notes sont longues; c'est à dire qu'il en faut faire durer le Son plus long-temps que celuy des notes qui n'ont point de queüe; d'un autre côté, comme ces queües ne sont jamais horizontales ainsi——, ny obliques ou panchées ainsi / \, il ne faudra point examiner si elles sont au-dessus ou au-dessous de la note, ny si elles panchent du côté droit, ou du côté gauche, &c. Par ce moyen, combien de reflexions supprimées, combien d'embarras épargnez ? Voilà cependant ce que cause necessairement vôtre Systéme.

4°. On ne courre aucun risque de confondre les notes du Chant avec les syllabes du texte, puisque bien loin de les entrelacer, comme vous faites dans une seule & même ligne, & ce dans la seule vûë d'épargner un peu de papier ou de parchemin ; elles sont écrites sur deux lignes si differentes, qu'à moins d'estre aveugle, il n'y a pas moyen de s'y tromper, &c.

Or, quand entre deux Systémes qui tendent à un méme dessein, on en veut choisir un, n'est-il pas naturel, du bon sens & méme de la prudence, de choisir celuy qui cause le moins d'embarras, & qui demande moins d'attention & de reflexion ? Par exemple, un Voyageur (qu'il me soit permis de me servir de cette comparaison) un Voyageur, dis-je, qui, trouvant deux chemins, tendants, à la verité au méme terme, laisseroit le plus uny, le plus court & le plus facile, pour prendre le plus raboteux, plein de Montagnes & de Vallées, dans lequel à tous bouts de champs il faudroit tourner tantôt à droit, tantôt à gauche, & par consequent le plus difficile & le plus long ; Ne pourroit-il pas craindre d'estre accusé d'extravagance, ou du moins de negligence, pour ne pas s'informer lequel de ces deux chemins est le plus court & le plus commode ? Je vous laisse à vous-même le soin de faire l'application de cette comparaison ; mais elle me convainc, que tres-peu de gens voudront se donner la peine d'apprendre le Plain-Chant, & encore moins la Musique par vôtre nouvelle Methode, par consequent qu'elle n'est pas si utile au Public que vous vous l'imaginez : C'est ce qui me reste à vous faire voir.

ARTICLE TROISIE'ME.

Vôtre Systême est inutile & incommode, & seroit même fort à charge au Public.

1°. Afin que vôtre Systême pût être de quelque utilité au Public, il faudroit qu'il fût pour ainsi dire unique; c'est à dire, qu'on ne pût s'en passer, ou qu'il n'y eût pas d'autre moyen pour apprendre & pour pratiquer le Plain-Chant & la Musique. Or après le détail que nous avons fait cy-dessus * des Methodes & des Systêmes anciens, pouvez-vous raisonnablement disconvenir qu'il n'y ait eû d'autres Systêmes qui ont précédé le vôtre ? Le Titre seul de vôtre Livre doit vous en convaincre, Vous l'intitulez *Nouvelle Methode*, dès-là vous devez convenir qu'il y en a donc d'anciennes. Or on se sert tous les jours dans toutes les parties du monde, où l'on chante du Plain-Chant & de la Musique, d'une de ces anciennes Methodes; par consequent on peut fort bien se passer de la vôtre, elle n'est point necessaire, & l'on peut asseurer hardiment, qu'elle est maintenant, absolument inutile au Public, qui en a reçû & qui en pratique par tout, une aussi bonne du moins, & j'ose le dire beaucoup meilleure, plus seure & plus commode que la vôtre.

I. *Ce Systême est inutile.*

2°. Afin que vôtre Systême fût aussi utile au Public que celuy de Guy l'Aretin, il faudroit necessairement, que, comme luy, il fût connu, reçû & pratiqué generalement par toutes les Nations, & qu'on voulût bien reformer par tout les Livres de Plain-Chant & de Musique en les notant selon vôtre maniere. Car enfin, supposons que le plus habile de vos Disciples, & le plus rompu dans la pratique de vôtre nouvelle Methode, se trouve, je ne dis pas en Allemagne, en Angleterre, en Italie, mais même dans la moindre des Paroisses de quelque Diocese que ce soit; on ne luy presentera, pour chanter, que des Livres notez selon le Systê-

* Dans le premier Art. de cette Dissertation.

me de Guy l'Aretin. Or comme les Notes de ce Systême & celles du vôtre, sont tres-differentes, & l'on le peut dire, *Toto cœlo differunt* ; il n'y connoîtra rien, il sera obligé de garder le *Tacet*, il passera pour un ignorant, &c. Vôtre Methode luy sera par consequent fort inutile, du moins en ces occasions.

3°. Il faudroit encore, que tous les Musiciens, les Chantres, & même les Paysans de toutes les Paroisses pûssent se resoudre d'abandonner leur ancienne routine, qui, comme on l'a déja remarqué plusieurs fois, est communement reçûë & pratiquée par tout, pour apprendre vôtre nouvelle Methode, & comme le dit fort bien Monsieur Laloüette, *que tout le monde fût d'humeur de retourner à l'Ecolle*. Or pouvez-vous en bonne conscience & raisonnablement esperer que tout cela puisse arriver ? Vôtre Systême est donc inutile à la plus grande partie du Public, & ne peut servir qu'à instruire quelques Enfants ou quelques Particuliers, qui par rapport à la nouveauté, voudront bien se donner la peine de l'étudier.

Quelques curieux, par la même raison, de la nouveauté, acheteront vos Livres, les liront avec attention, ils les admireront & loüeront vôtre invention : ils donneront même une place honorable à vos Livres dans leurs Cabinets & dans leurs Bibliotheques ; mais comme ce n'est qu'une simple & pure curiosité qui les incite à cela, je doute fort qu'il y en ait beaucoup qui puissent se resoudre d'aller jusqu'à la pratique. Parconsequent, pretendre & esperer que la pratique de vôtre Systême, soit & puisse être aussi universellement reçûë que la pratique de l'Echelle, ou la Gamme du Systême de Guy l'Aretin, & par-là soit aussi utile au Public ; (je souhaite de tout mon cœur être mauvais Prophete,) mais j'ose bien l'avancer, c'est ce qui n'arrivera jamais, & ce qu'il seroit bien difficile de persuader à tout homme de bon sens & non prévenu.

I I.
Ce Systême est incommode.

Non seulement vôtre Systême est inutile au Public, il est aussi tres-incommode. Pour le prouver je n'aurois qu'à vous faire relire cy-dessus page 11. le second Article de cette

Dissertation, où je déduis amplement tous les embarras que peut causer & que cause réellement vôtre Systême. Car enfin tous ces embarras, ne sont-ce pas de grandes & de veritables incommoditez ? Mais je n'en diray pas d'avantage icy, je me contenteray d'indiquer encore quelques autres incommoditez qui ne sont pas moins considerables.

1°. Comme les Livres de Chant, qui sont dans toutes les Eglises sont notez selon le Systême de Guy l'Aretin; On a déja remarqué dans la page 27. N°. 2. Qu'un homme qui ne sçauroit le Plain-Chant que par vôtre Methode seroit obligé de se taire, puisqu'il n'y connoîtroit rien. Vous pourriez me dire à cela qu'il y a un bon moyen: Cet homme n'auroit qu'à porter aux Eglises vos deux Livres imprimez dans ses poches; je conviens que ce soin pourroit y apporter quelque remede, mais vous m'avoüerez qu'on pourroit reprocher à cet homme qu'il ne seroit sçavant qu'avec vos Livres, *Doctus cum libro*. D'ailleurs, ne comptez-vous pour rien, d'être obligé de porter toûjours & en tous lieux une espece de petite Bibliotheque dans ses poches ?

2°. Vos Livres imprimez ne contiennent que le seul & pur Chant Romain ou Gregorien. Autre incommodité, puisque vos Livres ne peuvent servir que dans les Eglises où l'on chante ordinairement ledit Chant Gregorien, telles que sont celles des Chanoines Reguliers de la Congregation de Sainte Geneviève, des Franciscains, des Mathurins, de quelques Dioceses, &c. Mais, comme quantité de Nosseigneurs les Archevêques & Evêques du Royaume ont fait composer & imprimer, & introduit dans leurs Dioceses de nouveaux Breviaires & de nouveaux Missels, des Rituels, des Processionaux, &c. dont les Textes ou les Paroles sont tres-differentes du Texte des Breviaires & des Missels Romains, & par consequent dont les Chants qu'il a fallû composer exprés sur ces nouveaux Textes, sont tres-differents du Chant Gregorien, quoique composez autant qu'on a pû, dans le même goût : Quand vôtre Disciple même, muny de vos Livres imprimez, sera dans les Paroissſes des Dioceſes de Paris, de Sens, de Meaux, d'Evreux, d'Orleans, &c. quel ſecours, quelle utilité pourra-t-il tirer de vos Livres imprimez?

Vous me direz ſans doute, que vous avez pourvû à cet inconvenient, en propoſant de faire imprimer par Souſ-cription, In-folio & In-quarto, les Chants de tous les Dioceſes qui ſont differents du Chant Gregorien. Je conviens que, ſi vous pouvez en venir à bout, vôtre Syſtême en ſera beaucoup moins incommode. Mais permettez-moy de le dire, *Magna petis Phaëton*, voilà une entrepriſe bien hazardeuſe, & un deſſein qui me paroît bien chimerique. Les ſommes immenſes qu'il faudra employer pour executer ce deſſein, & les terribles charges qui en retomberoient ſur chaque Dioceſe & ſur le Public, ne ſeront-elles pas ſeules capables d'en dégoûter & d'en détourner nos Prelats, ſur tout quand ils feront reflexion; que les Egliſes de leurs Dioceſes ſont déja fournies de Livres de Chant, qui (quand il n'y auroit point d'autre raiſon que l'uſage & la routine que les Maîtres d'Ecolles, & les Payſans même en ont déja) ſeront à coup ſeur trouvez plus aiſez & plus commodes que les vôtres.

3°. Mais, entre tous vos Diſciples, qui pourra être ſeur, que vos Livres, qu'il aura entre ſes mains, ſont entierement conformes à ceux dont on ſe ſervira dans les Egliſes où il ſe trouvera? Et ſans cette aſſeurance, oſera-t-il chanter avec les autres ſans s'expoſer à troubler leur Chant, & peut-être l'Office Divin? Car, pour ne parler icy que du Chant purement Romain ou Gregorien, je poſe en fait qu'entre peut-être plus de deux cent Editions qui en ont été faites, tant en Italie qu'en Allemagne, en France, &c. il n'y en a pas peut-être trois qui ſe reſſemblent entierement. Les uns voulant conſerver l'ancien Chant Romain (par le reſpect qu'on doit au grand Saint Gregoire, qu'on croit communément en être l'Auteur, ou du moins le Reſtaurateur & le Reformateur) ont laiſſé, & retenu des trainées de Notes de deux & trois lignes ſur des ſyllabes fort breves; les autres ayant trouvé que certaines trainées de Notes, quoique miſes ſur des ſyllabes longues, étoient effectivement trop longues, les ont supprimées tout-à-fait, ou du moins les ont abregées, afin que l'Office Divin ne fût pas d'une longueur ennuyeuse & souvent tres-fatigante; les autres ont voulu que toutes les Notes fussent quarrées & égales, ainsi ■; les autres qu'il y eût des Notes breves pour les syllabes breves, ainsi ♣, &c. Car il est presques impossible de marquer toutes les varietez qui se trouvent dans ces differentes Editions. Il faudra donc que vôtre Disciple s'assure avant toutes choses, que vôtre nouvelle Edition du Chant Gregorien est entierement conforme à l'Edition des Livres, soit imprimez, soit manuscrits, dont on se sert dans chaque Eglise : Or sans prévention & de bonne foy, n'est-ce pas-là une incommodité des plus embarrassantes d'être obligé de faire cet examen dans toutes les Eglises où il se trouvera, avant que de s'exposer à chanter avec les autres; sans cela, (sur tout s'il a la voix un peu forte), quelle cacophonie, & quelle confusion ne sera-t-il pas capable de causer dans l'Office Divin?

4°. On pourroit adjoûter encore icy une autre incommodité, qui est que non seulement tous les Dioceses, mais aussi toutes les Paroisses, ont des Fêtes, des Saints & des Usages qui leur sont particuliers, & souvent même des Hymnes, des Antiennes & des Offices entiers, dont les Paroles sont nouvelles aussi-bien que les Chants qu'on a fait composer exprés, de sorte que si vôtre Disciple n'a pas notez tous les Chants propres à toutes ces Eglises, parce qu'il vous a été comme impossible de les faire imprimer dans vos Livres; Il sera obligé de garder le *Tacet*, à moins qu'il n'aye eu le soin de noter luy-même, ou de faire noter à la main, ce qui est propre & particulier aux Eglises qu'il frequente le plus souvent. Cela ne laisse pas d'être assez incommode, mais cette incommodité étant commune au Systême de Guy l'Aretin aussi-bien qu'au vôtre, elle n'est pas d'ailleurs assez considerable pour nous arrester d'avantage icy.

5°. Je suppose donc, & je le souhaite même pour vôtre propre satisfaction, que vous puissiez venir à bout d'applanir toutes ces difficultez, que vous ayez reçû toutes les Souscriptions que vous esperez, qu'il y ait même déja dans quelques Eglises des Livres imprimez à vôtre maniere, & selon les deux modeles que vous avez fait imprimer en proposant vos Souscriptions ; qu'on s'en serve avec fruit, qu'on ne se serve dans ces Eglises que de vos Livres pour chanter : Voicy encore une incommodité qui ne me paroît pas moins grande que les précédentes.

Si un Etranger ou un Passant, qui sçauroit parfaitement le Chant selon le Systême de Guy l'Aretin, qui auroit une tres-belle & bonne voix, & qu'on seroit bien-aise d'entendre, mais qui d'un autre côté n'auroit aucune teinture de vôtre nouvelle Methode ; si, dis-je, cet Etranger se presentoit dans quelqu'une des Eglises, où il n'y auroit point d'autres Livres que des vôtres pour chanter, & qu'on luy presentât un de vos Livres ; n'auroit-il pas raison de le rebuter, de dire qu'il n'y connoîtroit rien, & de refuser de s'en servir pour chanter ? Ne seroit-on pas privé du plaisir de l'entendre ? Et n'est-ce pas-là une assez grande incommodité ?

Vous me direz sans doute, qu'il luy seroit fort aisé d'apprendre vôtre Methode ; mais il faudroit pour cela qu'il pût l'apprendre sur le champ & dans l'instant ; car enfin c'est un Passant qui n'a pas le loisir de s'arrêter, ny le temps suffisant pour acquerir l'habitude, & la pratique embarrassante & embroüillée de vôtre nouvelle Methode. Or croyez-vous de bonne foy, & oseriez-vous bien asseurer que cela soit possible ?

D'ailleurs, ce Passant, cet Etranger est déja prévenu, il a la tête remplie d'un autre Systême, à la pratique duquel il est tout accoûtumé : Or j'ose asseurer hardiment, que cet Etranger, non seulement ne pourra pas apprendre vôtre Systême en si peu de temps, mais même qu'il ne voudra pas à coup seur se donner la peine de l'apprendre. Car enfin, mon cher Monsieur, ne vous flattez pas jusqu'au point, de croire que les Musiciens & les Chantres qui sçavent la Musique selon l'ancien Systême, voudront se casser la teste pour apprendre le vôtre. Je pose en fait au contraire,

traire qu'entre peut-être plus de cent mille Muſiciens ou Chantres, à peine en trouvera-t-on une douzaine qui veuillent ſe donner la peine de l'apprendre, ſi ce n'eſt par pure curioſité, & nullement pour s'en ſervir dans la pratique. Vous devez donc convenir, que vôtre Syſtême eſt du moins fort inutile & fort incommode, pour les Muſiciens qui ſçavent la Muſique ſelon l'ancien Syſtême.

Vous me direz peut-être que ce n'eſt pas pour les Muſiciens ny pour ceux qui ſçavent déja le Chant que vous avez inventé ce nouveau Syſtême, mais ſeulement pour faciliter l'étude de cette ſcience à ceux qui ne l'a ſçavent pas encore. Je veux bien vous accorder pour un moment cette prétenduë facilité, mais vous ne pourrez vous diſpenſer d'avoüer que vôtre Methode ne ſera utile qu'à cent, ou deux, ou trois cent (mettez-en ſi vous voulez mille) perſonnes. Mais ces cent, ces deux, ou trois cent & même mille perſonnes, font-elles ce qu'on appelle le Public ? J'ay donc eu raiſon d'avancer que vôtre Syſtême eſt non ſeulement inutile, mais encore incommode au Public.

J'adjoûte qu'il eſt encore dommageable ; je veux dire, qu'il ſeroit fort à charge au Public. Car enfin, ſi par un entêtement, (qu'on pourroit appeller une eſpece de manie, mais que je crois abſolument impoſſible) tous les Evêques de la Chrétienté, ſe déterminoient à recevoir vôtre Syſtême, & même à ordonner qu'on ne s'en ſervît pas d'autre dans tous leurs Dioceſes ; ſuppoſons même encore qu'un Pape voulût bien confirmer par une Bulle toutes les Ordonnances de ces Prelats, & ordonner à toutes les Egliſes de la Chreſtienté d'abandonner le Syſtême de Guy l'Aretin, & de ne ſe ſervir que du vôtre. (Ce qui certainement n'arrivera pas, & vous ne devez nullement vous y attendre ny l'eſperer :) quels ravages & quels boulleverſements cela ne cauſeroit-il pas dans toutes les grandes & petites Egliſes, Seculieres & Regulieres de la Chreſtienté ?

Il faudroit pour cela, 1°. Suprimer & déchirer, ou du moins envoyer chez l'Epicier ou chez les Beurrieres, une

III. Ce Syſtême eſt dommageable, & ſeroit fort à charge au Public.

infinité de beaux Livres, tant manuscrits qu'imprimez qui sont dans toutes les Eglises, qui ont coûté des sommes immenses, tant pour les faire écrire à la main, que pour les faire imprimer; qui souvent, & pour la plufpart sont ornez de grandes Lettres, de Vignettes, d'Images en mignatures d'une beauté & d'un travail exquis, il faudroit, dis-je, supprimer tout cela pour mettre en leur place des Livres remplis de pieds de mouche, pour ne pas dire de figures ridicules, qui choquent & éfarouchent continuellement la vûë, (car voilà comme le bon sens veut qu'on nomme & qu'on traite dès la premiere vûë les figures de vos Notes.) Or de bonne foy y a-t-il la moindre apparence qu'on puisse prendre une resolution aussi bizarre que celle-là.

2°. Il faudroit dépenser des sommes immenses pour faire imprimer des Livres notez à vôtre maniere, & encore plus pour les faire écrire à la main, pourvû mesme encore qu'on pût trouver des Copistes qui pûssent & qui voulussent l'entreprendre. Or, quand il faut faire generalement tant de changements, & des changements si considerables; vous m'avoüerez qu'on y pense plus de deux fois avant que de l'entreprendre, sur tout quand il n'y a pas de necessité absoluë, & qu'on n'a pas lieu d'esperer que ces changements seront d'une utilité si évidente, qu'on ne puisse prudemment se dispenser de les faire. Et de-là ne devez-vous pas conclure de vous-méme, que la proposition que vous avez publiée de faire imprimer par Souscription, non seulement vos Livres; mais aussi ceux de tous les Dioceses, dont le Chant n'est pas tout à fait conforme au Chant Romain, que cette proposition, dis-je, ne sera pas trop generalement reçûë ny approuvée, & par consequent qu'elle ne vous sera pas d'une aussi grande utilité que vous l'esperez. Je suis tres-mortifié d'estre obligé de vous le dire, mais je suis fait d'une maniere que je ne peux me resoudre à déguiser mes veritables sentiments.

Je ne doute point, que ces mémes raisons, je veux dire ces changements de Livres qui auroient boulleversé toutes les Eglises, n'ayent empesché la reception des Systémes qui ont précedé le vôtre. Mais ce qui m'étonne le plus, c'est que le Systême du P. *Souhaitty*, qui sans contredit est le plus naturel & le plus aisé de tous (*a*) dont l'impression pourroit estre faite avec fort peu de dépense, puisqu'il ne seroit pas necessaire de faire graver de nouveaux caracteres, tous les Imprimeurs ayant dans leurs assortiments les huit chiffres arabes 1. 2. 3. 4. 5. 6. 7. 8. &c. que ce Systême, dis-je, soit tombé de maniere, qu'on ne voit pas qu'aucune Eglise ny aucune Ecolle s'en soit servy, ny s'en serve actuellement. Pour moy je ne vois que trois raisons (qui sont aussi communes à vôtre Systême) qui ayent pû luy attirer cette disgrace.

La premiere, c'est que le Systême de Guy l'Aretin a jetté de si anciennes & de si profondes racines dans toutes les Nations, que c'est maintenant une pure & vraye chimere que de vouloir l'arracher & le déraciner, pour ainsi dire, de tous les esprits, pour en substituer d'autres en sa place.

La deuxiéme, c'est que la position des Notes sur une seule & même ligne horizontale, dont nous avons déja parlé tant de fois, qui a fait rejetter & abolir l'ancien Systême des Grecs & des Latins, a dû faire aussi rejetter, ou du moins negliger le Systême du P. *Souhaitty*, puisqu'il pose ses Notes ou ses chiffres sur une ligne horizontale, où l'on ne peut remarquer ny haut ny bas qui puisse soulager l'imagination, ny faire distinguer les Sons aigus d'avec les Sons graves.

La troisiéme, est que, quoique le P. *Souhaitty* eût dedié la deuxiéme Edition In-octavo de son Livre (*b*) à Nosseigneurs de l'Assemblée du Clergé, par laquelle, & par une infinité d'autres personnes intelligentes, son invention fût fort applaudie ; Le bouleversement, que de nouveaux Livres qu'il faudroit faire imprimer ou écrire à la main à grands frais, causeroit dans toutes les Eglises, a dû empescher necessairement, que cette invention ait eu de plus

(*a*) Voyez cy-devant, page 8.
(*b*) Cette Edition aussi que celle In-quarto, sont presentement dans la Bibliotheque du Roy.

grands progrès. Voilà proprement , & pour ainfi dire, *l'horofcope* de vôtre Syftême , & vous pouvez bien juger vous-mefme , car tout homme de bon fens en jugera ainfi avec vous , qu'il ne faut pas eftre un trop grand Aftrologue pour affeurer que vôtre Syftême n'aura pas un plus heureux fort , quelques efforts que vous puiffiez faire pour le faire réüffir.

Il n'en a pas été , & il n'en fera pas de mefme du Syftême de la feptiéme fyllabe S I ; comme elle n'a fait que renouveller , les *feptem difcrimina vocum* , des anciens Grecs & des anciens Latins , que par fon moyen on a aboly le terrible embarras que caufoient les *Muances* ; que fon utilité , par confequent & fa neceffité ont été trouvées évidentes & indifpenfables , & fur tout , comme il n'a fallu faire aucun changement dans les Livres pour la mettre en ufage ; ce Syftême a été reçû avec applaudiffement, il fubfifte encore (en 1728.) & fubfiftera toûjours, tandis qu'il y aura des Muficiens & des Chantres capables de raifonner , & incapables de donner tefte baiffée dans des chimeres auffi inutiles que vôtre Syftême.

Voilà , mon cher Monfieur , les raifons qui m'ont empefché d'eftre tout-à-fait du mefme fentiment que Vous, & que Son Eminence Monfeigneur nôtre Cardinal, m'a ordonné de vous écrire & de vous reprefenter.

J'ay été un peu long , mais la matiere m'a paru d'affez groffe confequence pour eftre traitée à fond & un peu amplement ; ce qui n'a pû fe faire fans m'étendre un peu fur de certains articles , & mefme fans quelques repetitions que j'ay cru neceffaires pour expliquer plus clairement m'a penfée, me fouvenant de ce Precepte d'Horace, que la briéveté eft fouvent la caufe & la fource de l'obfcurité , *Brevis effe volo , obfcurus fio.*

Vous trouverez peut-eftre auffi dans cette Lettre quelques expreffions un peu dures & trop hardies, je vous en demande pardon & excufe ; Mais c'eft la force des veritez dont j'étois & dont je fuis encore convaincu, qui me les a pour ainfi dire arrachées malgré-moy , & contre mon naturel , qui ne m'a jamais porté (depuis plus de cinquante ans que j'ay commencé d'écrire) à dire & encore moins à écrire rien de désobligeant contre personne, mesme contre quelques injustes persecuteurs; à plus forte raison contre une personne que j'estime & honore autant que Vous, & dont je suis tres-parfaitement le tres-humble & tres-obéïssant Serviteur,

S. D. B.
C. D. M.

A Meaux au mois de Juillet 1728.

APPROBATION.

J'Ay lû par ordre de Monseigneur le Garde des Sceaux, un Manuscrit intitulé, *Lettre en forme de Dissertation à M. D E M O Z, sur sa nouvelle Methode d'écrire le Plain-Chant & la Musique.* A Paris ce cinquiéme Fevrier mil sept cent vingt-neuf. Signé GALLYOT.

DE L'IMPRIMERIE
De J-B-Christophe BALLARD, Seul Imprimeur du Roy pour la Musique, & Noteur de la Chapelle de Sa Majesté.
A Paris, ruë Saint Jean-de-Beauvais, au Mont-Parnasse.

M. DCCXXIX.

PRIVILEGE DU ROY.

LOUIS par la grace de Dieu, Roy de France & de Navarre: A nos amez & feaux Conseillers, les Gens tenans nos Cours de Parlement, Maistres des Requestes ordinaires de nôtre Hôtel, Grand Conseil, Prevost de Paris, Baillifs, Sénéchaux, leurs Lieutenans-Civils, & autres nos Justiciers qu'il appartiendra, SALUT. Nôtre bien amé le Sieur SEBASTIEN DE BROSSARD, Chanoine de Meaux; Nous ayant fait supplier de luy accorder nos Lettres de Permission pour l'impression d'une *Lettre en forme de Dissertation au Sieur* DEMOZ, *sur sa nouvelle Methode d'écrire le Plain-Chant & la Musique*; Offrant pour cet effet de la faire imprimer en bon papier & beaux caracteres, suivant la feüille imprimée & attachée pour model sous le Contre-sceel des Presentes ; Nous luy avons permis & permettons par ces Presentes, de faire imprimer ledit Livre cy-dessus specifié en un ou plusieurs Volumes conjointement ou separement, & autant de fois que bon luy semblera, sur papier & caracteres conformes à ladite feüille imprimée & attachée sous nôtredit Contre-sceel, & de le vendre, faire vendre & debiter par tout nôtre Royaume pendant le temps de trois années consecutives, à compter du jour de la datte desdites Presentes : Faisons défenses à tous Imprimeurs Libraires, & autres personnes de quelque qualité & condition qu'elles soient, d'en introduire d'impression étrangere dans aucun lieu de nôtre obéïssance ; A la charge que ces Presentes seront enregistrées tout au long sur le Registre de la Communauté des Imprimeurs & Libraires de Paris dans trois mois de la datte d'icelles ; que l'impression de ce Livre sera faite dans nôtre Royaume, & non ailleurs ; & que l'Impetrant se conformera en tout aux Reglements de la Librairie , & notamment à celuy du dix Avril 1725. & qu'avant de l'exposer en vente, le Manuscrit ou Imprimé qui aura servy de copie à l'impression dudit Livre, sera remis dans le même état où l'Approbation y aura été donnée ès mains de nôtre tres-cher & feal Chevalier, Garde des Sceaux de France le Sieur CHAUVELIN, & qu'il en sera ensuite remis deux Exemplaires dans nôtre Bibliotheque publique, un dans celle de nôtre Chasteau du Louvre, & un dans celle de nôtredit tres-cher & feal Chevalier, Garde des Sceaux de France le Sieur CHAUVELIN, le tout à peine de nullité des Presentes : Du contenu desquelles Vous mandons & enjoignons de faire joüir l'Exposant ou ses Ayans cause plainement & paisiblement, sans souffrir qu'il leur soit fait aucun trouble ou empeschements. Voulons qu'à la Copie desdites Presentes qui sera imprimée tout au long au commencement ou à la fin dudit Livre, foy soit ajoûtée comme à l'Original : Commandons au premier nôtre Huissier ou Sergent, de faire pour l'execution d'icelles tous Actes requis & necessaires, sans demander autre Permission, & nonobstant Clameur de Haro, Charte Normande & Lettres à ce contraires : CAR tel est nôtre plaisir. DONNE' à Paris le vingt-cinquiéme jour du mois de Fevrier, l'An de Grace mil sept cent vingt-neuf, & de nôtre Regne le quatorziéme, Par le Roy en son Conseil. Signé FOUBERT.

Regiftré sur le Registre VII. *de la Chambre Royale & Syndicale de la Librairie & Imprimerie de Paris*, N°. 318. fol. 267. *conformémens au Reglement de* 1723. *Qui fait défenses Art.* IV. *à toutes personnes de quelque qualité qu'elles soient, autres que les Libraires & Imprimeurs, de vendre, debiter & faire afficher aucuns Livres, pour les vendre en leurs noms, soit qu'ils s'en disent les Auteurs, ou autrement, & à la charge de fournir les Exemplaires prescrits par l'Article* CVIII. *du même Reglement. A Paris le troisiéme Mars mil sept cent vingt-neuf.* Signé COIGNARD, Syndic.

www.ingramcontent.com/pod-product-compliance
Lightning Source LLC
Chambersburg PA
CBHW061009050426
42453CB00009B/1336